RELATION

DES
DIFFERENTES ESPECES
DE PESTE
QUE RECONNOISSEN
LES
ORIENTAUX,

Des Précautions & des Remedes qu'ils prennent pour en empêcher la communication & le progrès;

ET

De ce que nous devons faire à leur exemple pour nous en préserver, & nous en guerir.

Par M. l'Abbé GAUDEREAU, *Prêtre, Docteur en Theologie, Directeur de la Maison des Nouveaux Catholiques, & Interprete du Roy pour les Langues Orientales, ci-devant Missionnaire Apostolique, & Consul de France en Perse.*

❖ ❖ ❖

A PARIS,

Chez ETIENNE GANEAU, Libraire rue S. Jacques, aux Armes de Dombes, vis-à-vis la Fontaine S. Severin.

ET

JACQUE QUILLAU, Imprimeur-Juré-Libraire de l'Université, rue Galande près la rue du Fouare.

M. DCC. XXI.

Avec Approbation & Privilege du Roy.

A MONSIEUR
DODART,
CONSEILLER DU ROY
EN SES CONSEILS,
ET
SON PREMIER MEDECIN.

ONSIEUR,

Ces Remarques vous sont dûes par justice, & l'Approbation que vous avez bien voulu leur

A ij

accorder, veut encore que je vous les offre par reconnoiſſance.

Depuis que Son Alteſſe Royale vous a appellé au Conſeil de Santé, vous n'avez rien oublié pour ſeconder ſes bonnes intentions pour la conſer-vation du Peuple ; & une de vos plus cheres occupations a été de cher-cher les moyens d'étein-dre la Peſte, ou d'en ar-rêter la communication. C'eſt dans cette vûe que vous vous êtes fait un plaisir d'examiner les Préservatifs & les Remedes dont se servent les Orientaux contre cette cruelle maladie ; & les soins & les inquietudes qu'exige la conservation de la santé précieuse du premier Roy de l'Europe, ne vous ont point empêché d'entrer dans le détail de tout ce qui pouvoit contribuer à la sûreté de la vie de ses moindres Sujets. Vous ne vous êtes pour ce sujet prévalu ni de votre rang ni de vos connoiſſances, & vous avez crû auſſi-bien que le Sage de l'Ecriture, qu'un des meilleurs uſages qu'on puiſſe faire des lumieres qu'on acquiert en ſa Patrie, c'eſt de rechercher ce qu'il y a de bon chez les Etrangers. J'ai l'honneur d'être avec reſpect,

In terram alienigenarum gentium pertranſiet, & bona & mala in hominibus tentabit. Eccleſ. 39.

MONSIEUR,

Votre très-humble
& très-obéiſſant
Serviteur,
GAUDEREAU.

AVERTISSEMENT.

UNE des principales fonctions du Fils de Dieu sur la terre, a été la guerison des maladies, & une des choses qu'il a le plus recommandées aux Ministres de son Evangile, c'est le soin des malades. Il paroît de là que bien loin de sortir des bornes de mon caractere, j'en remplis un des premiers devoirs en imprimant cette petite Relation. Je ne me

Curate infirmos.
Luc 10.

A iiij

suis proposé en l'écrivant, ni de plaire aux Sçavans, ni de contenter les curieux, mais de servir le Peuple, qui dans les tristes conjonctures où la plus terrible des maladies menace le Royaume, en peut tirer beaucoup d'utilité. Les timides se rassureront à la vûe de cette multitude de Préservatifs dont ils en peuvent mettre à couvert leurs personnes & leurs familles. Les temeraires y apprendront les sages précautions qu'ils doivent

prendre contre une mala-
die feroce qui terraſſe le
fort comme le foible, &
qui emporte tout enſem-
ble le Malade & le Mede-
cin. Les riches y trouve-
ront des Remedes qui ſe
peuvent prendre par deli-
ces auſſi-bien que par ne-
ceſſité. Les pauvres s'en-
courageront en y en trou-
vant auſſi qui ne leur cou-
teront que la peine de les
compoſer eux-mêmes. En-
fin cette Relation, quelque
petite qu'elle ſoit, contri-
buera beaucoup à raſſurer

le Peuple de l'épouvante
que lui donne le seul nom
de Peste ; & les François
qui en toute autre occa-
sion font paroître tant de
courage & d'intrepidité,
auront honte de s'effrayer
au seul bruit d'une mala-
die que les Orientaux,
tout ignorans qu'ils sont,
regardent avec tant d'in-
difference, affrontent avec
tant de resolution, traitent
avec tant de simplesse, &
guerissent avec tant de
facilité.

RELATION

DES

DIFFERENTES ESPECES

DE PESTE

QUE RECONNOISSENT

LES

ORIENTAUX;

Des Précautions & des Remedes
qu'ils prennent pour en empêcher
la communication & le progrès ;
Et de ce que nous devons faire à
leur exemple pour nous en préferver, & nous en guerir.

LA continuation des
Maladies qui ont
commencé à Mar-
feille, a obligé plufieurs

personnes à me demander
des Memoires sur la Peste,
& l'esperance qu'ils pour-
ront être de quelque utilité ne m'a pas permis de
balancer à les écrire, & à
changer la resolution que
j'avois formée d'enseve-
lir dans un oubli éternel
tout ce que cette mala-
die cruelle me fit souffrir
sur la Mer Noire en 1704.
Plût à Dieu que les rava-
ges qu'elle vient de faire
en Provence ne m'en eus-
sent point rappellé le tri-
ste souvenir, & que cette
effroyable marque de la
colere & de l'indignation

de Dieu fût toujours demeurée inconnue aux Chrétiens, & ne fût jamais tombée, selon les vœux du Psalmiste, que sur les Nations qui ne connoissent point le Seigneur, & dans les Royaumes où son S. Nom n'est point invoqué.

Psal. 78.

Pendant les dix-huit années que j'ai fait la Mission dans la Turquie, l'Armenie, la Perse, l'Arabie & l'Inde, je me suis trouvé une infinité de fois dans des Villes affligées de Peste, & j'ai même été obligé par les devoirs de

mon miniftere, de vifi-
ter & d'adminiftrer les Sa-
cremens à plufieurs pe-
ftiferez : comme on s'ac-
coutume à tout, je me fa-
miliarifai peu à peu avec
cette bête feroce, & je
crus que parceque j'avois
été affez heureux pour
m'en préferver quelque
tems, je pourrois m'en
préferver toujours. Mais
la malignité de celle qui
regnoit dans les Ports de
la Mer Noire en 1704,
prévalut contre la force
de mon temperament &
la vertu de mes préfer-
vatifs, & m'attaqua le 22

Septembre avec tant de
fureur, qu'il m'en fortit en
trois jours fept charbons.
Cette épreuve domefti-
que acheva de me perfe-
ctionner dans la connoif-
fance de la Pefte; & me
faifant paffer par tous les
degrez de fa violence, me
mit au fait de fon com-
mencement, de fon pro-
grès, & de fon déclin. Me
trouvant dans la Turquie
où la Medecine eft igno-
rée, je fus obligé d'être
moi-même mon Mede-
cin: d'effayer les Remedes
qui pouvoient me guerir,
après avoir effayé ceux

qui pouvoient me préser-
ver, & de faire plusieurs
autres observations, qui
dans les tristes conjon-
ctures où cette maladie
menace le Royaume, se-
ront utiles au Public, &
en doivent être reçûes
avec d'autant plus de confiance, que je les ai faites
au peril de ma vie, &
qu'elles m'ont retiré des
portes de la mort.

Autant que j'ai pû re-
connoître dans les entre-
tiens que j'ai eu sur la Peste, les Orientaux en di-
stinguent de trois sortes.
La premiere est terrestre

ou

ou terrienne , c'est-à-
dire , causée par les va-
peurs grossieres qu'exha-
lent certaines terres cou-
vertes & étouffées par les
montagnes qui les envi-
ronnent. Ces vapeurs ne
pouvant être ni remuées
par les vents, ni purifiées
par le Soleil , s'échauf-
fent peu à peu, & se cor-
rompent de telle sorte ,
qu'elles empoisonnent
tous ceux qui les respi-
rent. Cette sorte de Peste
est purement locale , &
attachée à certains en-
droits, d'où elle se répand
rarement ailleurs , & où

B

elle eſt perniciculſe , en Eté auſſi bien qu'en Automne On trouve en Aſie une infinité de lieux qui en ſont infectez , & dont les malheureux habitans portent ſur leurs viſages pâles le triſte préſage de la mort, à tous ceux qui ſont aſſez hardis pour y ſejourner. Quelque pur que ſoit même l'air de toute la Perſe en general, cette maladie n'a pas laiſſé de gagner quelques endroits de ſes frontieres ; & j'ai remarqué entre autres un Village à deux journées du Bandarabaſſy, où c'est assez de rester trois heures pour n'en sortir jamais, & à qui les Persans ont donné pour ce sujet le nom sinistre de Goribasirgon, c'est-à-dire, sepulcre des Marchands.

La seconde sorte de Peste est purement aquatique, & n'a d'autre principe que des eaux dormantes, qui se corrompent & s'infectent par les chaleurs de l'Eté. Cette seconde sorte de Peste est plus commune en Asie que la premiere, & regne non-seulement dans les lieux marécageux ; mais

presque encore dans tou-
tes les plaines où l'on
seme le ris. Comme ce
grain ne reste sur la terre
que dans les quatre mois
les plus chauds de l'année,
qu'il n'y croît & ne s'y for-
tifie qu'à mesure qu'il nâ-
ge dans les eaux, & que
lorsqu'il approche de sa
maturité, il faut les lui
faire monter jusqu'à deux
pieds de hauteur, les chaleurs de l'Eté engendrant
dans ces plaines inondées
une multitude infinie de
vers, d'insectes & de rep-
tiles, dont la corruption
cause ensuite ces Pestes

ordinaires qui affligent toutes les Automnes les Villes de la Turquie.

C'est encore cette espece de Peste aquatique qui regne tous les ans dans l'Egypte. Il est vrai que dès les premiers tems ce Royaume étoit regardé comme la source des maladies pestilencielles ; & c'est là que les inondations du Nil formoient ces fameux Lacs de Cocite & d'Acheron, dont l'infection étoit si insupportable, que les Poetes l'ont mise au nombre des supplices des enfers. On

croit communément que
c'est Joseph, qui étant
devenu Ministre de l'E-
gypte, trouva le moyen
de dessécher ces Marais,
en multipliant les bou-
ches du Nil, & en creu-
sant des canaux, par où les
eaux que ce Fleuve répan-
doit dans les plaines, s'é-
couloient dans la Medi-
terranée. Tant que les
Souverains de l'Egypte
ont entretenu ces travaux
de Joseph, ce païs n'a pas
été plus sujet que les autres à la Peste. Mais de-
puis près de trois cens
ans que les Turcs s'en

font rendus Maîtres, ils
les ont laiffé tomber en
ruine, comme ils font
tous les anciens ouvrages
des autres païs qui leur
font foumis. Faifant pro-
feffion d'une ignorance
univerfelle, ils n'ont eu
garde de prévoir les fâ-
cheufes confequences du
fejour que fait pendant
les chaleurs de l'Eté cette
abondance d'eaux bour-
beufes que le Nil jette
dans les plaines par fes
débordemens; & il fem-
ble que Dieu l'ait per-
mis, pour s'ériger en cette terre infidele un Trône

de colere, d'où il lance,
quand il eſt irrité, ce fleau
terrible ſur les Villes &
les Provinces pechereſſes.

Enfin la troiſiéme ſor-
te de Peſte eſt tout à fait
aërienne , & n'a d'autre
cauſe que certains orages
ſiniſtres, aſſez communs
en Orient, qui ſe forment
des mêmes exhalaiſons
que ces tourbillons em-
poiſonnez, que l'Ecriture
appelle vents brûlans &
peſtiferez, & les Perſans
Badiſamour , & dont le
ſoufle pernicieux fait perir ſur le champ les bêtes
auſſi-bien que les hom-
mes.

Ezech. 19.
Jerem. 51.

mes. Ce sont ces orages qui répandent tous les ans la mortalité dans l'Arabie, la Caldée & le sein Persique ; & au mois d'Août 1705, j'en vis un de cette nature allumer la Peste à Constantinople. Il commença sur la minuit par des éclairs si continus, que cette grande Ville paroissoit tout en feu, & par des éclats de tonnerre si terribles, que les Turcs effrayez se refugioient dans leurs Mosquées ; il continua jusqu'à midi avec la même violence, & dans cet intervalle il lança sur

C

la Ville & les Fauxbourgs
une infinité de foudres
qui cauſerent bien du
dommage , & qui furent
ſuivies d'une Peſte ſi fu-
rieuſe , que dans un ſeul
jour on compta juſqu'à
dix-huit cens cadavres en-
levez par la ſeule Porte
d'Andrinople.

Les deux premieres eſ-
peces de Peſte ne ſont re-
gardées par les Orientaux
que comme nous regar-
dons en Europe les fié-
vres d'Automne, ou les
maladies locales : mais
pour cette troiſiéme, ils
la croyent un fleau dont

Dieu se sert pour punir les grands crimes, & ils en donnent pour exemple celle qui fit perir soixante & dix mille Israelites en *2. Reg. 24.* punition du peché de David. Ils assurent que cette Peste est toujours annoncée aux hommes par quelque présage sinistre, que pendant qu'elle afflige une Ville, on entend en l'air des voix lugubres qui se plaignent, & l'on voit la nuit des spectres & des phantômes qui marchent par les rues, & qui s'arrêtent aux portes des maisons qui en doivent être attaquées. Mais ce qu'il y a de certain, c'eſt que cette eſpece de Peſte épuiſe ordinairement en trois mois toute ſa vio-lence & ſa malignité ; que pendant le premier, peu de gens en réchapent ; pendant le ſecond, per-ſonne ; & pendant le troi-ſiéme, preſque tous ceux qui en ſont attaquez.

Quelque difference qui ſe trouve entre la nature & la malignité de ces trois ſortes de Peſte, les précau-tions que prennent con-tre elles les Orientaux, ſont preſque toujours les mêmes. Je commencerai par celles des Perſans, qui ſont certainement les Peuples d'Aſie chez qui il eſt reſté plus de police & de ſageſſe, & qui bien qu'ils ſoient environnez tous les ans de ce fleau terrible, ont conſervé le ſecret de l'arrêter ſur leurs frontieres, & d'écouter chez eux en ſûreté le ré-cit des ravages qu'il fait chez tous leurs voiſins. Ils n'ont pas pour ce ſujet borné leurs ſoins comme on fait en Europe, à dé-fendre l'entrée de leur païs aux choſes qui vien-

nent des lieux soupçon-
nez ; mais ils ont en quelque façon mis tout leur
Empire au-deſſus des at-
teintes de la Peſte ; & ils
l'ont tellement purifié,
qu'ils n'aprehendent plus
qu'aucun peſtiferé puiſſe
l'infecter. Perſonne n'en
diſconviendra , lorſqu'il
ſera inſtruit de leur vigilance ſur leurs campa-
gnes, de leur police dans
leurs Villes , de leur netteté dans leurs maiſons,
de leur propreté ſur leurs
perſonnes.

Premierement, la Perſe
étant le païs du monde

où les montagnes sónt
les plus hautes & en plus
grand nombre, il semble
que les campagnes qui
leur servent d'égouts, de-
vroient être pleines de
lacs & de marais, & par
consequent sujettes au
mauvais air & à la cor-
ruption, que l'excessive
chaleur du païs pour-
roit engendrer dans des
eaux dormantes. C'est le
mal qui arriveroit certainement si les Persans n'a-
voient sçû le prévenir par
leur industrie & leur tra-
vail. Ils ont pour ce sujet
élevé à la chute des eaux,

qui par la fonte des nei-
ges coulent des monta-
gnes, de fortes digues, &
de hauts retranchemens,
qui en détournent, quand
ils veulent, le cours naturel, qui les jettent dans
des canaux plus ou moins
élevez selon la pente ou
la hauteur des plaines, &
qui les coupant en une
infinité de ruisseaux, leur
font produire dans le pays
autant de bien par leur di-
vision, qu'elles y pour-
roient faire de mal par
leur assemblage. Ils ne se
font pas contentez d'em-
pêcher que les eaux qui

coulent des montagnes
forment des marais dans
le fond de leurs plaines ;
mais ils ont encore le foin
& le fecret de deffecher
ceux qu'y forment mal-
gré eux les eaux des pluyes
& les fources naturelles.
Ils creufent pour ce fujet
des canaux fouterrains,
qu'ils appellent Cahris,
plus ou moins profonds
felon la hauteur des terres
qu'ils leur font traverfer ;
ils laiffent d'efpace en efpace des ouvertures à ces
canaux, par où ceux qui
les entretiennent ont la
facilité de defcendre ; &

ils obfervent exactement
le niveau des eaux qu'ils
y conduifent, de crainte
que leur donnant une
pente trop baffe, elles ne
s'y formaffent un cours
rapide qui mineroit peu
à peu les fondemens des
voutes de terre qui les
couvrent, & qui les fai-
fant enfin tomber, leur
fermeroit bien-tôt le paf-
fage. C'eft de ces cahris ou
canaux fouterrains, que
les Perfans fe fervent pour
évacuer les vaftes plaines
où ils fement le ris, pour
deffecher les cloaques qui
fe forment aux environs

des Villes, pour tranſpor-
ter de plaine en plaine les
lacs & les marais, & pour
tenir toutes les eaux du
pays dans un tel mou-
vement, que bien que la
Perſe ſoit le Royaume du
monde le moins aquati-
que, c'eſt pourtant celui
où l'on voit le plus de canaux & de ruiſſeaux.

Les Villes de Perſe ne
ſont pas communement
belles ; mais en récom-
penſe elles ſont plus ſai-
nes qu'en aucun autre
pays du monde, & leurs
habitans ignorent abſo-
lument ce que c'eſt que

Pefte , fiévres malignes,
& maladies locales. Ils
en attribuent la princi-
pale raifon à la multi-
tude de certains arbres
élevez qu'ils appellent
Chenards , & qu'ils mul-
tiplient tellement dans
leurs Jardins , leurs places & leurs rues, que leurs
Villes paroiffent de loin
des forêts. Ces arbres font
ceux que nous appellons
en Latin *Platanus* , & que
Ecclef. 24. l'Ecriture affure que les
anciens plantoient auprès
des eaux dans leurs places
publiques. Les Perfans
tiennent pour certain que

ces arbres ont la vertu de purifier l'air & les eaux, & d'empêcher dans les lieux où ils sont plantez toute infection, & toute influence nuisible à la santé de l'homme. Aussi l'experience fait voir tous les jours que dans les Villes Meridionales où ces arbres ne peuvent subsister, à cause de l'excessive chaleur, la Peste y regne aussi bien que dans la Turquie & l'Arabie, au lieu que jamais elle n'a penétré dans les Provinces temperées où ces arbres se plaisent, & vivent, à ce qu'on aſſure, des trois & quatre cens ans. Cette opinion ſur la vertu de ces arbres eſt tellement répandue dans le pays, que lorſqu'ils ſont arrivez à une certaine élevation & groſſeur, le peuple ignorant leur rend un culte idolâtre, en allumant deſſous des lampes par veneration, en leur adreſſant des vœux dans leurs maladies, & en les qualifiant du titre de Pyr, qui eſt le même qu'ils donnent aux premiers Saints de leur Religion.

Mais quelque confiance qu'ayent les Persans en la vertu de ces arbres, ils ne se reposent pourtant pas uniquement sur eux pour assurer leurs Villes contre la Peste, & il n'y a point de nation au monde qui ait tant de soin d'en ôter les immondices, & d'en éloigner tout ce qui pourroit y causer la moindre infection. Ce sont les anciens Persans qu'ils appellent Gavres , & que nous connoissons sous les noms d'Ignicoles ou d'adorateurs du Soleil, qui sont chargez de ces fon-

ctions basses & serviles.
Comme leur legislateur
Zeratoche, qui est, à ce
qu'on croit, cet ancien
Roy de la Bactriane, que
nous appellons Zoroas-
tre, leur a donné pour
premier principe , que
l'homme pour vivre heu-
reux sur la terre, doit s'appliquer à cultiver les quatre élemens qui font les
principes de sa conserva-
tion aussi bien que de son
être , & comme le seul
culte qu'ils peuvent ren-
dre à l'air est d'empêcher
qu'il ne devienne ou cor-
rompu ou infecté , ces
pauvres

pauvres Idolâtres se por-
tent à ces fonctions one-
reuses par religion, & on
les voit se faire un principe de conscience d'er-
rer dans les campagnes,
& de tourner autour des
Villes pour y chercher
quelque cloaque à dessé-
cher, quelque charogne
à enlever, ou quelque
animal venimeux à dé-
truire. Il est aisé de juger
par là de la netteté des
Villes aussi-bien que des
campagnes de Perse, &
on ne peut assez louer la
sagesse & la politique des
premiers Rois Mahome-
D

tans qui n'ont pas détruit
une religion dont les principes sont si favorables à
la salubreté du païs, & qui
en ont conservé les secta-
teurs à peu près comme
Jos. 9. Josué conserva autrefois
dans la Judée les Gabao-
nites.

Les maisons des Per-
sans, quelque magnifi-
ques qu'elles soient, n'ont
rien de conforme aux re-
gles de notre architectu-
re; mais elles sont singu-
lieres pour leur netteté &
leur exemption generale
de toutes sortes d'insectes.
On n'y voit jamais ni pu-

ces, ni punaises, ni aucune de ces vermines qui
persecutent tous les au-
tres Peuples ; & voici les
raisons qu'on en peut don-
ner. 1°. Il n'entre en la fa-
brique de ces maisons ni
bois ni fer, & par conse-
quent on n'y voit ni pla-
fonds, ni parquets, ni
charpentes. 2°. Les mu-
railles qui sont vernissées
jusqu'à trois pieds de hauteur, sont toutes de brique
ou de pierre, & blanchies
avec une certaine compo-
sition de chaux & de talc
qui les rend d'un brillant
à éblouir les yeux. 3°. Tou-

tes les chambres & tous
les appartemens font vou-
tez & tout ouverts du cô-
té du Nord s'ils font faits
pour l'Eté, ou du côté du
Midi s'ils font bâtis pour
l'Hyver. Outre ces caufes
du bon air & de la netteté
des maifons des Perfans,
ils font encore deux cho-
fes fingulieres pour l'en-
tretenir. La premiere,
c'eft qu'ils ne fe fervent
de leurs maifons que pour
fe loger, ils ne fçavent ce
que c'eft que d'y travail-
ler ou traiter d'affaires, &
moins encore d'y faire des
magazins, ou d'y garder

des marchandiſes. Le Mi-
niſtre a ſon Bureau à la
porte du Roy, où il donne
ſes audiences , le Mar-
chand ſon Conroir dans
un Caravanſera où il trai-
te de ſon negoce , & l'Ar-
tiſan ſa Boutique dans un
Bazar où il fait ſon tra-
vail. La ſeconde choſe
que font les Perſans pour
conſerver le bon air & la
netteté de leurs maiſons,
c'eſt de les blanchir &
laver de tems en tems
avec cette compoſition
de chaux & de talc dont
je viens de parler. Ils ont
herité cet uſage des Ga-

vres ou anciens Ignicoles,
qui confacrent par cette
ceremonie leur premier
jour de l'an, qui eft le 21
de Mars, & à qui, pour
les y engager, leur legifla-
teur Zeratoche a promis
la remiffion de tous les
pechez de l'année prece-
dente.

Les Perfans font enco-
re plus propres fur leurs
perfonnes que dans leurs
maifons, outre les lotions
qu'ils font auffi-bien que
les autres Mahometans,
toutes les fois qu'ils font
leurs prieres, ils ne paf-
fent point une femaine

fans prendre le bain, & ils y font même obligez par religion, toutes les fois qu'ils ont touché ou fenti quelque chofe d'impur ou de corrompu. Les gens du commun vont pour ce fujet aux bains publics, qui font en plus grand nombre en Perfe qu'en aucun autre païs, & les perfonnes de diftinction, pour plus grande propre-té, ont dans leurs maifons des bains particuliers qui ne fervent que pour eux & pour leurs familles. Cet ufage des bains eft la prin-cipale caufe de leur bonne constitution , & de la santé continuelle dont ils jouissent. On ne les voit presque jamais malades que de vieillesse , & ils ne sçavent ce que c'est non seulement que fiévres pestilencielles , mais que gouttes , rhumatismes , paralysie, heresipeles, ni que toutes ces maladies accidentelles qui nous tyrannisent en France , & dont ils se préservent par la transpiration des humeurs malignes qui nous les causent.

Je n'ai garde d'alleguer pour seconde preuve de

la

la propreté des Perſans,
leur luxe exceſſif qui les
porte à ſe couvrir de bro-
cards d'or & d'argent de-
puis les pieds juſqu'à la
tête, & qui leur a fait don-
ner par tous les Peuples
d'Aſie le titre faſtueux de
Keſelbaches, c'eſt à dire
têtes dorées : Mais je ne
puis m'empêcher d'ajoû-
ter leur vigilance & leur
attention à obſerver pour
leurs habits la qualité des
étoffes & des fourrures.
Quoique leurs laines de
Caramanie ſoient les
meilleures du monde,
cependant ils ne les em-

ployent que dans leurs fa-
briques de tapis, & ils ne
se servent même des draps
qu'on leur porte d'Euro-
pe, qu'à des usages gros-
siers & pour des habits de
fatigue. Ils donnent aux
étoffes de soye la préfe-
rence par dessus toutes les
autres, ils assurent qu'elles
sont favorables à la santé
de l'homme, & ennemies
de la corruption ; & dans
cette persuasion ils les
employent indifferem-
ment à la place de nos
draps & de nos toiles, &
s'en servent pour des che-
mises aussi-bien que pour

des veſtes & des habits.
Ils gardent encore plus
de circonſpection dans le
choix de leurs fourrures
que dans celui de leurs
étoffes, & ils ſe font un peché grief non ſeulement
de vêtir, mais même de
toucher celles qui vien-
nent des animaux que l'E-
criture appelle immon- *Lev. 11.*
des. Ils diſent que c'eſt
aſſez qu'ils ayent été une
fois déclarez tels, pour
que nous ayons pour eux
une horreur éternelle, &
que l'homme eſt un im-
pie s'il croit que Dieu les
a défendus ſans raiſon, ou

E ij

un infenſé , s'il ne craint
pas les raiſons pour leſ-
quelles Dieu les a défen-
dus. De là vient que les
Perſans ne portent ni re-
nard , ni petit-gris , ni aucune autre peau des ani-
maux prohibez dans l'an-
cienne Loi , & que toutes
leurs fourrures ſont ou
des agneaux de Carama-
nie , ou des martres & des
hermines.

Voilà les ſages précau-
tions que prennent *les*
Perſans pour mettre leur
Empire au-deſſus des at-
teintes de la Peſte, & pour
le garantir des ravages

qu'elle fait preſque tous
les ans dans le reſte de
l'Aſie. Il eſt vrai que la
ſechereſſe favoriſe leurs
travaux & leurs ſoins, &
que le peu de pluye qui
tombe dans leur païs con-
tribue beaucoup à y con-
ſerver la pureté de l'air;
mais il eſt certain que
cette ſechereſſe a beſoin
d'être ſecourue, & que
ſans leurs autres précau-
tions elle ne ſeroit qu'une
impuiſſante barriere con-
tre la Peſte. La Caldée &
l'Arabie ſont plus ſeches
encore que la Perſe, &
cependant la Peſte y eſt ſi

frequente , que de sages Arabes m'ont assuré que la raison pour laquelle ils se réduisoient à vivre sous des tentes dans les deserts, étoit l'impossibilité où ils se voyoient de l'éviter dans les Villes. De là je conclus que les Persans ne sont redevables de la salubreté de leur païs qu'à leur industrie & à leur sagesse ; ils ne seroient pas plus exempts de la Peste que les Peuples qui les environnent , s'ils lui donnoient sur eux les mêmes prises, & s'ils ne gardoient pas plus de police dans leurs campagnes & leurs Villes, & plus de propreté dans leurs maiſons & ſur leurs perſonnes.

On croit communé-ment en Europe que les Orientaux ne craignent point la Peſte, & ne pren-nent contre elle aucune précaution. Ce ſont les Turcs qui depuis quatre cens ans tiennent le pre-mier rang parmi les Peu-ples d'Aſie, qui ont don-né lieu à cette erreur vul-gaire; l'opinion qu'ils ont du deſtin, & que leurs premiers Sultans ne leur ont imprimée que pour

les rendre plus détermi-
nez dans les batailles,
les rend veritablement
moins sensibles à la Peste
que les autres Nations,
& leur fait dire en Pro-
verbe, que s'ils ont à en
mourir dans un tel lieu,
ou dans une telle année,
tout ce qu'ils pourroient
faire pour s'en garantir
seroit inutile. De là vient
que le Peuple néglige la
Peste par religion, & les
personnes de distinction
par gravité : mais ni les
uns ni les autres ne s'y
exposent pourtant en te-
meraires, & voici les pré-

cautions que je leur ai
vû prendre , auſſi-bien
qu'aux autres Nations qui
vivent ſous leur Empire.

Premierement, les uns &
les autres apprehendent
auſſi-bien que nous, d'aller dans des lieux infectez
de Peſte ; ils croyent que
les perſonnes qui y ar-
rivent nouvellement en
ſont plus ſuſceptibles que
celles qui y font leur demeure ordinaire : & c'eſt
la raiſon pourquoi j'ai vû
des Caravanes détourner
leur route, & camper les
mois entiers ſous des tentes pour attendre que la

Pefte fût éteinte dans les lieux par où il leur falloit neceffairement paffer.

Secondement, ils crai-gnent auffi-bien que les Européens la communi-cabilité de la Pefte, & ils n'ont pas moins de peur qu'on l'apporte chez eux, que d'aller la prendre chez les autres. Il eft vrai qu'ils n'obligent point les Voyageurs à des quaran-taines reglées; ils fuppo-fent qu'un homme qui fe porte bien a eu dans fon chemin le tems de diffi-per le mauvais air qu'il au-roit pû contracter dans

un lieu peſtiferé ; & ils
croiroient pecher contre
l'hoſpitalité que de lui refuſer l'entrée d'une Ville
où le ſeul titre d'Etran-
ger lui donne droit de venir chercher ſes beſoins.
Mais cette liberté d'en-
trer dans les Villes ne
s'étend qu'aux hommes
ſeuls, & ne regarde ni les
chevaux de ſelle ni les autres bêtes de charge ; ils
aſſurent que ces animaux
ſont bien plus capables
de communiquer la Peſte
que les hommes , & la
raiſon qu'ils en donnent,
c'eſt que la ſueur en gene-

ral est un des plus pernicieux vehicules de la Pe-
ste, & que de toutes les
sueurs la plus pernicieuse
encore est celle du che-
val. De-là vient que les
Caravanes qui arrivent à
droiture des lieux soup-
çonnez, n'entrent jamais
dans les Villes, mais re-
stent dans des plaines voisines où elles campent
sous des tentes, & où lorsqu'on ôte les selles & les
harnois des chevaux, cha-
cun se retire à l'écart, &
observe exactement de se
mettre au-dessus du vent.

Troisiémement, les

Orientaux prennent en-
core des précautions con-
tre beaucoup d'autres animaux dont on ne ſe défie
point en Europe ; car ils
les croyent tous en ge-
neral ſuſceptibles de la
Peſte ; & ils en donnent
pour preuve la cinquié-
me playe d'Egypte , qui
fut cette maladie extra-
ordinaire dont Moyſe y *Exod. 9.*
fit perir tant d'animaux.
Mais ceux qu'ils crai-
gnent le plus ſont les animaux qui marchent &
couchent par troupes. Je
cite d'abord pour exem-
ple les Moutons, qui ſont

certainement d'une dan-
gereuse consequence, &
dont les grands troupeaux
assemblez jour & nuit
contribuent beaucoup à
corrompre l'air, & à l'infecter. C'est pourquoi
bien loin que les Orien-
taux les souffrent dans
leurs Villes, ils ne per-
mettent pas même qu'on
les enferme dans des éta-
bles. Ils veulent que ces
animaux soient exposez à
l'air la nuit aussi-bien que
le jour, & ils leur bâtis-
sent pour ce sujet, dans
les plaines où ils paissent,
des parcs qu'ils ne cou-

vrent point , & où ceux
qui les gardent se retirent
avec leurs chiens. S'ils
croyent les Moutons dan-
gereux pour engendrer
la Peste, ils croyent en-
core leurs laines plus dan-
gereuses pour la conser-
ver. Ils prétendent qu'il y
a entre la laine & la Peste
une sympatie de nature
que l'art ne peut jamais
rompre ; & que la pre-
miere étant extrémement
poreuse, attire toujours la
seconde, & s'imbibe tel-
lement de sa malignité,
qu'il est ensuite impossi-
ble de l'en purifier. J'ai

eu moi-même le malheur
d'en faire une funeste experience au sujet d'un tapis de laine que j'avois ap-
porté de Perse, & sur le-
quel un Capucin que j'a-
menois avec moi mourut
de Peste à Trebizonde. Si-
tôt que j'eus enterré ce
bon Religieux, je fis jetter ce tapis dans la mer,
où il resta un jour entier,
& d'où je ne le fis retirer
que pour l'exposer au So-
leil pendant trois ou quatre. Quelques personnes
m'ayant assuré qu'après
ces précautions je n'avois
plus rien à craindre, je
crus

crus pouvoir m'en servir comme auparavant ; mais j'eus bien-tôt lieu de me repentir de mon imprudence & de ma temerité. J'experimentai que la malignité de la Peste avoit resisté également & au sel de la mer, & à l'ardeur du Soleil ; que malgré l'un & l'autre elle étoit demeurée inherente à mon malheureux tapis, & qu'il en étoit penetré de telle sorte, que pour avoir quelques jours après marché dessus nuds pieds, il me sortit un charbon de Peste sous la plante du pied droit.

E

Quatriémement, enfin les Orientaux ne prennent pas dans un tems de Peste moins de précaution contre le poisson que contre les animaux; ils prétendent que la facilité avec laquelle il se corromp, accelere la corruption de l'air, & que la mauvaise odeur d'une Poissonnerie nourrit & fomente la malignité de la Peste. Ils fondent cette opinion sur l'experience qu'ils ont que cette maladie en Turquie commence toujours dans les Ports de Mer & autres

lieux poiſſonneux. Et des
gens ſages m'ont aſſuré
qu'une des raiſons pour-
quoi la Peſte eſt toujours
à Conſtantinople, c'eſt la
prodigieuſe quantité de
poiſſon qui s'y debite tous
les jours dans le Balucba-
zar, c'eſt-à-dire la Poiſ-
ſonnerie.

De ces précautions que
prennent les Orientaux
contre la Peſte, je paſſerai
aux préſervatifs dont ils
ſe ſervent dans les lieux
qui en ſont infectez, &
j'expoſerai auparavant l'i-
dée generale qu'ils ſe forment de cette maladie

cruelle. La Peste, disent-
ils , de quelque nature
qu'elle soit, est toujours
une vapeur maligne qui
nous environne de tous
côtez, & qui nous assie-
ge à la verité de toutes
parts ; mais qui par bon-
heur se trouvant au-de-
hors de nous, n'y peut
pourtant entrer si nous ne
l'introduisons par quel-
que porte. L'experience
nous apprend qu'elle se
glisse ordinairement par
deux principales qui sont
le nez & la bouche ; lorsqu'elle entre par la pre-
miere , elle monte d'a-

bord au cerveau, & y cau-
fe des étourdiffemens &
des tranfports ; & quand
elle fe gliffe par la fecon-
de, elle defcend au cœur,
& y excite des débilitez
& des foulevemens. A la
verité il nous eft impof-
fible de lui tenir toujours
ces deux portes fermées ;
mais rien n'eft plus aifé
que d'y mettre des fenti-
nelles, & d'y pofer des
gardes affez fortes pour
repouffer cette ennemie
toutes les fois qu'elle s'y
vient prefenter. Tout le
monde fçait que la garde
naturelle du nez doit être

quelque odeur vive qui
remplisse toute l'étendue
de notre odorat, & qui n'y
laisse aucun vuide à l'infection avec laquelle la Peste a coutume de se com-
muniquer au cerveau : &
personne n'ignore encore
que la garde de la bouche
ne peut être autre chose
que quelque substance
cordiale qui y répande assez d'esprits pour fermer
le passage à la malignité
que la Peste veut jetter
dans notre cœur. De-là les
Orientaux concluent que
toute odeur forte, & tout
cordial ou confection spi-

ritueuse sont pestifuges,
& ils s'en servent diffe_
remment selon leurs dif_
ferentes inclinations ou
commoditez.

Les Persans qui cher_
chent toujours leurs déli_
ces, mêlent de l'ambre
gris dans leur Caffé, & en
repetent les prises autant
de fois le jour qu'ils boi_
vent de cette liqueur :
pour le nez, ils ne se ser_
vent d'autre chose que de
leur Tabac ordinaire : ils
n'ont point l'usage de le
prendre en poudre com-
me on fait en Europe ;
mais en fumant leurs pi_

pes, ils retiennent quelque tems la fumée dans leur bouche, la pouſſent enſuite par leurs narines, & par ce moyen les deſſechent tellement qu'il n'y reſte aucune humidité qui puiſſe arrêter l'infection de l'air.

Les Georgiens ne ſe ſervent d'autre préſervatif que d'Eau-de-vie, dans laquelle ils mêlent de la poudre pilée, ils en boivent de tems en tems à la place du Caffé, & s'en appliquent même quelque goute aux narines, après les avoir deſſechées comme

me les Persans avec la fumée du Tabac.

Les Arabes se servent
pour préservatif de Bau-
me de la Meque, ils le
portent sur eux en de pe-
tits flacons, le sentent de
tems en tems, & en font
à peu près le même usage
que nous faisons des Eaux
cephaliques.

Les Armeniens qui sont
les Peuples d'Orient qui
craignent moins la Peste,
& qui s'exposent plus vo-
lontiers au service des pe-
stiferez, ne prennent pour
préservatifs que des sim-
ples qui abondent dans

G

tous les Jardins d'Europe.
Ils gardent dans leurs maifons des herbes fortes,
comme la rue, l'hiffope,
la lavande. Ils pilent de
l'ail avec des noix dont ils
fe frotent fous les aiffelles,
ils en mêlent en tout ce
qu'ils mangent, & en por-
tent toujours quelque tê-
te en leur poche pour s'en
fervir dans les occafions.

Dans les Ports de la Me-
diterranée on fe fert pour
cordiaux de la Teriaque
de Venife, ou des Elixirs
de la Fonderie du Grand
Duc ; & l'on porte fur
foi une Orange ou quel-

qu'autre fruit odoriferant pour se garantir de la cor- ruption de l'air.

Le Pere Besnier Jesui- te , avec qui je me suis trouvé trois fois au mi- lieu de la Peste , ne pre- noit pour préservatifs que des Citrons, il avoit soin d'en garder dans sa cham- bre , & il en portoit tou- jours quelqu'un qu'il sen- toit de tems en tems , & dont il mordoit l'écor- ce lorsqu'il rencontroit quelque cadavre , ou vi- sitoit quelque pestiferé.

Le sieur le Duc Mede- cin de la Nation Françoi-

fe à Conftantinople, qui
m'a traité pour les playes
que me laifferent les charbons de ma Pefte, & qui
par fa Profeffion fe trouvant tous les jours aux prifes avec cette cruelle maladie, a dû experimenter
les plus efficaces préfervatifs, s'en fervoit d'un fin-
gulier. C'étoit deux cra-
paux qu'il avoit la pré-
caution de faire fecher au
Soleil pendant l'Eté, &
que dans les tems de Pefte
il s'attachoit en s'habil-
lant fous les deux aiffelles; il les gardoit ainfi
attachez toute la jour-

née, & sur-tout lorsqu'il
alloit visiter quelques malades, & la malignité dont
le préservoient ces cra-
paux paroissoit visible-
ment, en ce que de secs
& plats qu'ils étoient lorsqu'il les avoit pris, on les
voyoit amollis & enflez
lorsqu'il les quittoit. Il les
mettoit alors dans un pe-
tit chauffoir que les Turcs
appellent Tendour, où la
chaleur les dessechoit peu
à peu, & les purifioit la
nuit de la malignité qu'ils
avoient contracté le jour.

Mais le préservatif que
j'ai vû le plus usité en

Orient est moins emba-
rassant, & c'est celui dont
je me suis servi moi-mê-
me. Je prenois une pin-
te de fort vinaigre, dans
lequel je faisois infuser
pendant quinze ou vingt
jours une poignée de rue
verte. Lorsque je sortois
de ma chambre, je m'en
appliquois quelques gou-
tes aux narines, & j'en
portois un petit flacon sur
moi que je sentois de tems
en tems, & que j'ouvrois
même en certaines oc-
casions pour en recevoir
une odeur plus abondan-
te. A ce préservatif du nez

j'en ajoûtois encore un
pour la bouche : c'étoit
une Racine d'Angelique
que j'avois foin de choifir
auffi verte, afin qu'elle fût
plus fpiritueufe , je la gar-
dois toujours dans ma po-
che , & j'avois l'attention
d'en mordre de tems en
tems quelque petit mor-
ceau , fur-tout lorfque j'é-
tois obligé de vifiter ou
d'adminiftrer quelque pe-
ftiferé. Voilà le préferva-
tif avec lequel j'ai affronté
toutes les efpeces de Pefte
qui regnent en Afie ; &
fi la précipitation avec
laquelle je fus obligé de

m'embarquer à Trebizon-
de ne m'avoit pas fait ou-
blier de m'en pourvoir,
il y a beaucoup d'appa-
rence que je n'aurois pas
été plus susceptible de Peste sur Mer que sur Ter-
re, & que la vertu de mon
préservatif n'auroit pas
été moins efficace contre
les malignes influences
de la Mer Noire, qu'elle
l'avoit été contre le mauvais air du Sein Persique.

Cette multitude & cet-
te diversité de préserva-
tifs suffit certainement
pour rassurer contre la
Peste, & pour faire voir

que cette maladie n'eſt
pas au-deſſus de nos ſoins,
& que bien qu'elle ſoit
dangereuſe , elle n'eſt
pourtant pas inévitable.
La France étant auſſi
abondante qu'elle eſt en
herbes fortes, & en raci-
nes cordiales, fournit plus
d'armes qu'il n'en faut
pour combatre ce mon-
ſtre, & le Païſan auſſi bien
que le Bourgeois peut ai-
ſément le vaincre, & met-
tre à peu de frais ſa per-
ſonne & ſa maiſon au-deſ-
ſus de ſes attaques ; mais
pour le faire il eſt impor-
tant de ne point s'abatre

fous la terreur que répand
d'abord le nom formida-
ble de Pefte : la crainte eft
le plus pernicieux de tous
les vehicules de cette maladie , & la fermeté avec
laquelle les Orientaux la
regardent , n'eft pas le
moins efficace de leurs
préfervatifs.

Outre ceux que je viens
de rapporter, il y en a encore de negatifs qui con-
fiftent en certaines cho-
fes dont il eft neceffaire
de s'abftenir dans un tems
de Pefte. Prémierement,
il eft d'une extrême con-
fequence de ne point fe

fatiguer ni échauffer le corps ; & rien n'est plus pernicieux que de se mettre en sueur, ou en marchant dans les rues, ou en travaillant dans sa maison. La raison en est évidente, & il n'est pas besoin de Philosophie pour la concevoir. La Peste est une vapeur maligne qui nous assiege de tous côtez, & qui cherche continuellement quelqu'ouverture pour se glisser chez nous : en vain gardons - nous avec les préservatifs que je viens d'expliquer notre nez & notre bouche, si en nous échauffant nous lui livrons tous les pores de notre corps ; ce feroit lui fermer un paſſage pour lui en ouvrir mille, & lui refuſer la porte, pendant qu'on la feroit entrer par les fenêtres.

La ſeconde choſe dont il faut s'abſtenir dans un tems de Peſte, c'eſt des compagnies & des groſſes aſſemblées ; rien ne lui eſt plus favorable que le mê-lange que la reſpiration y fait des haleines de ceux qui les compoſent ; & ou-tre que ce mêlange con-tribue à la corruption de

l'air, il ne faut alors qu'une
perfonne infectée pour
infecter toutes les autres.
Auffi l'ufage eft en Orient
qu'auffi-tôt que la Pefte
fe declare dans une Vil-
le, tous les lieux publics
deviennent deferts ; on
abandonne non - feule-
ment ceux où fe traitent
les affaires, mais ceux-là
même où s'exerce la Re-
ligion; & les rues des Egli- *Thren. 1.*
fes auffi - bien que celles
des Mofquées, ne voyent
perfonne venir aux folem-
nitez. Les uns renfer-
mez dans leurs maifons,
s'y font contre la maladie

un rempart de cordiaux
& d'herbes fortes, & met-
tent pour garde à leur porte un feu allumé où ils
brûlent des gommes aro-
matiques, & parfument
tous ceux qui les viennent
visiter. Les autres plus sages encore mettent leur
salut dans leur fuite, & se
retirent dans des plaines
voisines où ils campent
sous des tentes, & vivent
de leur recolte, jusqu'à ce
que l'extinction de la *Peste* leur rende la liberté
de revenir dans leur mai-
son.

On voit bien des gens en

Orient qui portent cette ſolitude juſqu'à ſe ſeparer de leurs femmes, & qui croyent que dans un tems de Peſte ce n'eſt pas aſſez de s'abſtenir des plaiſirs criminels, mais qu'on doit ſe priver même des legitimes. Ils ne ſe prennent jamais, diſent-ils, qu'aux dépens des forces; mais dans un tems de Peſte ils ne ſe peuvent prendre qu'au peril de la vie; & la continence eſt alors une vertu non ſeulement convenable, mais neceſſaire à un homme ſage.

Enfin la quatriéme cho-

se dont il faut se garder
dans un tems de Peste,
c'est de n'avoir sur son
corps ni playe ni blessure;
on ne s'en peut faire alors,
quelque legeres qu'elles
soient, qui ne deviennent
mortelles ; & j'ai eu le
malheur d'en faire moi-
même une experience
bien funeste. Deux jours
après m'être embarqué à
Trebizonde, je m'écor-
chai le talon à une Casset-
te de Chine que j'avois en
ma petite chambre, & le
peu de douleur que me fit
cette blessure ne m'enga-
gea pas même à y faire la
moindre

moindre attention ; mais au bout de vingt-quatre heures il s'y forma un charbon effroyable, qui attira ſur ma jambe tant de malignité, qu'elle enfla prodigieuſement, devint toute violette, & creva enfin en trois endroits. Me trouvant alors ſur une Saique Turque, je n'y pus faire d'autre remede que de la laver avec l'eau de la mer ; & je crus que ſi j'étois aſſez heureux pour ne pas mourir, il me faudroit au moins couper la jambe en arrivant à Conſtantinople : mais après de

H

violentes douleurs, j'en
ai été quitte pour avoir
été quinze mois boiteux;
& je le serois encore au-
jourd'hui, si la hauteur du
soulier ne suppléoit à la
roideur des nerfs, que la
dureté qui m'est restée au
talon empêche toujours
de s'étendre.

Les précautions que les
Orientaux prennent con-
tre la Peste n'empêchent
pas qu'ils ne cedent sou-
vent à sa malignité, ils en
sont attaquez aussi-bien
que les Européens, & la
maniere dont ils se trai-
tent alors n'est pas la re-

marque la moins necef-
faire & la moins digne
d'une curieuſe obſerva-
tion. D'abord que quel-
qu'un d'une famille eſt
attaqué de la Peſte, on
le place dans une cham-
bre ſans meubles, & l'on
prend garde ſur-tout qu'il
ne s'y trouve ni draps, ni
tapis, ni peliſſe, ni ta-
bleaux, ni boiſure. Le
reſte de la famille ſort auf-
ſi-tôt de la maiſon, & ſe
retire à la Campagne, ou
ils logent dans des Villa-
ges, ou campent ſous des
tentes. Il ne reſte auprès
du malade qu'une ſeule

H ij

perſonne qui a paſſé une
infinité de fois la Peſte en
revûe, & qui étant au faic
de tous ſes beſoins, lui ſert
en même tems de Me-
decin, de Chirurgien &
d'Apoticaire. La premie-
re choſe que fait cette
Garde, c'eſt de regler la
nourriture à ſon malade,
il la fixe à un Poulet par
jour, qu'il lui fait bouillir
à peu près avec une de-
mie livre de Ris, & une
pincée de feuilles vertes
de Coriandre. Il partage
le Ris & le bouillon en ſix
portions égales, & il les
lui donne chaudes de qua-

tre heures en quatre heu-
res. Il y mêle à chaque fois
une cuillerée de jus de Citron, que les Orientaux
estiment un excellent pe-
stifuge; & dans les lieux
où ce fruit ne se trouve
point, on se sert à la place
d'Ail pilé avec des Noix.
On défend au malade le
pain, les ragoûts, les vian-
des nourrissantes, toutes
sortes de fruits doux, &
sur tout les Dattes & les
Figues seches : pour les
vertes on lui permet d'en
manger ; mais à condi-
tion qu'il y enveloppe des
feuilles de Sauge, de Rue,

ou de quelqu'autre herbe
forte.

On lui permet auffi les
Oranges , les Grenades
& les Citrons , & l'on
mêle le jus de ce der-
nier en ce qu'il boit auffi-
bien qu'en ce qu'il man-
ge. Mais le fruit qu'on
lui recommande d'ufer *le*
plus eft celui qu'on ap-
pelle en Afie Carpouz,
& en Europe Pateque, &
que nous connoiffons en
France fous le nom de
Melon d'eau. Comme
ce fruit eft extrémement
aqueux, il humecte la poi-
trine du malade , modere

l'ardeur de sa fiévre, & contribue beaucoup à son soulagement en lui rafraîchissant le sang. Tous les Orientaux font beaucoup d'estime de ce fruit aussi-bien que de la Coriandre, les Medecins Persans les ordonnent tous deux contre toutes sortes de fiévres, & le peuple est tellement prévenu de leur vertu bien-faisante, que malgré l'insipidité de l'un, & la mauvaise odeur de l'autre, ils en servent sur leurs tables presque en tous leurs repas.

Quoique ce regime seul

gueriffe bien des peftife-
rez, cependant les gens
fages n'y mettent pas toute leur confiance, & pour
plus grande fûreté de leur
vie, ils ont recours à certains remedes, qui tout
fimples & tout naturels
qu'ils font, ne laiffent pas
d'être efficaces : Ces remedes ne confiftent ni
en purgations, ni en fai-
gnées, ni en aucune des
chofes dont on fe fert
dans les autres maladies;
mais uniquement dans
des potions & des cor-
diaux. Les premieres fe
font avec des herbes odo-
riferantes,

riferantes , dont les plus
ordinaires font la Sauge,
le Thim, l'Angelique &
la Betoine. On prend une
poignée de feuilles de
quelqu'une de ces her-
bes, que l'on fait bouillir
dans une pinte d'eau, &
dans laquelle on mêle un
peu de fucre pour en cor-
riger l'amertume. Ceux
qui ont trop de repu-
gnance pour ces herbes
fortes, fe fervent en leur
place d'Eau rofe , qu'ils
font bouillir avec une pincée de Canelle. On fait
prendre peu à peu ces po-
tions au malade, comme

on fait en France les con-
sommez; & l'effet qu'elles
produisent est de lui ou-
vrir les pores, de lui causer
des sueurs douces, & de
lui faciliter l'éruption de
la Peste en bubons & en
charbons. Pour moi à qui
elle étoit sortie lorsque
j'arrivai à Constantino-
ple, je n'ai pris d'autres
potions que de Betoine;
mais certainement elles
me furent d'un grand se-
cours, & me soulagerent
beaucoup contre les se-
cousses violentes que me
donnoit à la tête le charbon cruel que j'avois à la
gorge.

La seconde sorte de re_
medes dont les Orientaux
guerissent la Peste, ce sont
les Cordiaux. Ils en ont de
plusieurs especes , & s'en
servent differemment se-
lon leurs differentes commoditez. Il y en a qui sont
rares & chers, & dont l'u-
sage n'est pas au pouvoir
de tout le monde. Les
deux principaux sont la
Momie de Perse & le Be_
zoar des Indes. La pre-
miere est une espece d'é-
lixir naturel qui coule
d'un rocher dans la Pro-
vince de Lar, voisine du
Sein Persique. Il est vrai

que toute la terre de cette
Province produit naturel-
lement cette Momie, &
qu'on en voit jusqu'au
fond des puits qui nage
sur l'eau comme une écu-
me noirâtre. Mais la seule
veritable est celle qui di-
stile de ce rocher, où il y
a un Château bâti exprès
pour la garder, & des Of-
ficiers du Roy de Perse
qui n'ont d'autre occupa-
tion que de la recueillir
& la faire porter au Tre-
sor Royal. Ce Monarque
en envoye pour present
aux Princes Etrangers,
& son Ambassadeur Ma-

hammed-Rezabeg en ap-
porta deux petits flacons
d'or au feu Roy. La ma-
niere de s'en servir est
d'en prendre la grosseur
d'une petite noisette, que
l'on mêle dans une cuil-
lere d'argent avec un peu
d'huile d'olive, on la laisse
sur le feu jusqu'à ce qu'elle soit entierement lique-
fiée , & on la donne en-
suite chaude au malade
deux heures avant qu'il
prenne son bouillon de
ris. Les Persans sont tellement prévenus en fa-
veur de cette Momie ,
qu'ils ne voyagent point
I iij

fans en porter avec eux ; ils s'en fervent non feule- ment contre la Pefte & beaucoup d'autres mala- dies , mais encore pour toutes fortes de playes & de fractures , & ils la re- gardent en quelque façon comme un remede uni- verfel.

Le Bezoar des Indes a encore en Orient plus de réputation contre la Pefte que la Momie de Perfe ; c'eft le feul Cordial dont fe fervent les perfonnes de diftinction dans la Tur- quie & l'Arabie , & c'eft auffi celui dont je me fuis

gueri moi-même. D'a-
bord il faut remarquer
qu'il y en a de deux for-
tes, d'artificiel & de naturel. Le premier est une
pierre mixte, dans la com-
position de laquelle il entre avec le Bezoar natu-
rel, de l'or & de l'ambre,
& quelques autres cor-
diaux. Cette pierre a conservé jusqu'aujourd'hui
dans les Indes, le nom de
celui qui l'a inventée, il
s'appelloit Gaspard Anto-
nio, Medecin Portugais,
qui fut touché des crimes
que la multitude des poi-
sons des Indes donnoit à

fa Nation la facilité de commettre, & qui crut que le feul moyen d'en arrêter le cours étoit de leur familiarifer l'ufage du Bezoar. Sa dureté en rendoit l'apprêt difficile, & fon amertume la prife defagreable : Gafpard Antonio a trouvé dans fa pierre le fecret de remedier à ces deux défauts, il y rend le Bezoar odoriferant, & digne d'être pris par delice auffi-bien que par remede, & l'apprêt qu'il lui donne lui laiffe fi peu de fa dureté, qu'on la rape & pulverife prefque

auſſi aiſément que le ſu-
cre, & qu'on a ainſi en
cette pierre ſeule un con-
trepoiſon univerſel tou-
jours préparé & toujours
propre à être mêlé ſur le
champ dans le boire auſſi-
bien que dans le manger.

Le Bezoar naturel eſt
une pierre aſſez dure qui
ſe forme peu à peu dans
le corps de certains ani-
maux. Sa couleur eſt or-
dinairement noirâtre, ſa
qualité ſe connoît par ſa
peſanteur, & la plus pe-
tite eſt preſque toujours
la meilleure. Son prix ordinaire dans les Indes eſt

fon poids en argent, &
lorfqu'on en prend à Su-
ratte, l'ufage eft que l'a-
cheteur en remplit le plat
d'une balance, & met
dans l'autre fa pefanteur
en Roupies. Les Indiens
prifent beaucoup celui
qu'ils tirent des Singes,
& les Perfans celui qu'ils
trouvent en certaines
Chevres qui ne fe pren-
nent que dans leurs mon-
tagnes ; mais tous les
Orientaux donnent au
Bezoar le titre de *Panze-
har-indi*, c'eft à dire con-
trepoifon des Indes, & ils
affurent qu'il s'y forme

encore en plusieurs au-
tres especes de bêtes sau-
vages. Quoi qu'il en soit,
le Bezoar naturel est re-
gardé en Orient comme
le plus excellent de tous
les Cordiaux, & comme
le remede le plus assuré
contre la Peste. La ma-
niere de le prendre n'est
pas plus difficile en Eu-
rope qu'en Asie. On ex-
prime d'abord le jus d'un
Citron dans une tasse de
porcelaine, & l'on trem-
pe dans ce jus un bout du
Bezoar, que l'on frotte
aussi-tôt sur une pierre
dure; il se forme de cette

frixion une huile noirâtre
dont on recueille cinq à
six goutes, on les mêle
avec le jus de Citron que
l'on fait fur le champ ava-
ler au malade, & on lui
en donne jufqu'à deux ou
trois prifes felon la force
& la violence de la Pefte,
à la place du jus de Citron
on peut fe fervir d'Eau
rofe, ou de quelqu'autre
Eau cordiale. Pour moi
qui étois fur la mer lorfque je pris le Bezoar, je
me fervis d'Eau de vie,
qui certainement n'em-
pêcha pas fa vertu, mais
qui me caufa un terrible

redoublement de fiévre.

Quoique le Bezoar foit affez commun en Afie, cependant il fe trouve bien des gens qui n'en ont point, ou par negligence, ou par pauvreté. Ceux-là recourent alors contre la Pefte à certaines confections, qui toutes fimples qu'elles font, ne laiffent pas de les foulager, & même de les guerir. Les uns prennent des Pepins de Citron qu'ils pilent dans un mortier avec un peu de Sucre, & dont ils font une Pâte qu'ils mangent & mêlent dans leurs

bouillons de Ris. Les au-
tres se servent de racine
d'Angelique qu'ils font
bouillir avec des Aman-
des ou des Pistaches, &
dont ils expriment un jus
qu'ils font boire aux ma-
lades.

Mais le cordial le plus ordinaire au commun peu-
ple, c'est de l'Ail pilé avec
des Noix. La facilité qu'il
y a de le trouver & de l'ap-
prêter par tout le fait pré-
ferer à tous les autres, &
la multitude de malades
qu'il guerit ne lui donne
pas moins de réputation
parmi les pauvres, que le

Bezoar en a parmi les ri-
ches. Pour la Teriaque, elle n'eſt connue en Orient
que des Marchands Chré-
tiens qui ont negocié en
Europe, les Mahometans
n'en font aucun uſage par
principe de Religion, &
la raiſon eſt qu'il entre en
ſa compoſition de la chair
de Vipere, qui eſt un rep-
tile immonde ſelon l'Al-
coran auſſi-bien que ſe-
lon l'Ecriture, & pour lequel les zelez Muſulmans
n'ont pas moins d'aver-
ſion que pour le Cochon.

Quelque difference qui
ſe trouve entre tous ces

cordiaux , ils foulagent
pourtant le malade de la
même maniere, & ils pro-
duifent tous le même ef-
fet , à la verité plus ou
moins promptement fe-
lon que leur vertu eft plus
ou moins efficace. Cet effet eft de nettoyer & dé-
gager le cœur du venin
qui l'affiege , d'en écarter
la malignité de la Pefte,
& de la chaffer & reffer-
rer en certains endroits
du corps qu'elle enflâme,
& où elle forme auffi-tôt
le charbon.   Les Orien-
taux affurent que la Pefte
réunit en ce charbon tou-
te

re sa violence & sa force, que c'est de-là, comme d'un retranchement, d'où elle combat le malade & les remedes , & c'est la raison pourquoi ils appellent en leur langue le Charbon Umrugec, c'est-à-dire coup de poing.

Si-tôt que le Charbon est formé, il devient le principal objet des attentions de ceux qui prennent soin du malade ; quelque douleur qu'il lui fasse souffrir, ils se gardent bien d'en hâter l'ouverture par aucune violence, & ils regardent alors la

lancette comme un in-
ftrument mortel pour un
peftiferé. Ils ont l'experience que la moindre
incifion eft pernicieufe
pour celui qui la fait auffi-bien que pour celui qui
la fouffre , & dans cette
perfuafion ils fe conten-
tent d'y appliquer foir &
matin des lenitifs. Les
uns fe fervent de feuil-
les d'herbes attractives &
mollifiantes, & celle dont
ils font le plus d'ufage eft
notre Plantin qu'ils ap-
pellent Bag-iaprag, c'eft-
à-dire feuille du Jardin.
Les autres ne font autre

chofe que laver le Char-
bon avec des eaux artifi-
cielles, dont la plus commune eft l'Eau Rofe. En-
fin il y en a qui font bouillir de la Sauge, ou quel-
qu'autre herbe odori-
ferante, & qui en font
des cataplafmes qu'ils appliquent fur le Charbon.
Comme j'étois fur Mer
lorfque mes Charbons
me fortirent, je me trou-
vai dans l'impoffibilité
d'avoir ni Eau Rofe ni
feuille de Plantin ; mais
je me fervis en leur place
d'un autre lenitif que j'a-
vois vû faire à des Arme-

K ij

niens d'Erzerom. Je pris
de la Cire vierge que je
fis bouillir avec de l'Huile
d'olive, & de ce mêlan_
ge je formai un onguent
liquide que j'appliquois
foir & matin fur mes
Charbons. J'experimen-
tai que cet onguent adou-
ciffoit la violente dou-
leur qu'ils me faifoient;
& pour preuve qu'il en
accelera auffi la maturité,
c'eft que celui de la gorge
fur qui j'avois plus de peine à affermir l'emplâtre,
s'ouvrit le dernier.

Enfin pour terminer
ma Relation, il faut en-

core ajoûter la maniere
dont les Orientaux puri-
fient les maisons où il est
mort quelque pestiferé.
Persuadez que la mau-
vaise odeur des cadavres
est ce qu'il y a de plus ca-
pable de les infecter, ils
font une diligence extrê-
me pour les enlever ; sou-
vent même ils n'atten-
dent pas qu'un malade
soit expiré pour le tirer de
sa chambre , & ils se servent des motifs de Reli-
gion pour l'engager d'al-
ler rendre ses derniers sou-
pirs ; si c'est un Chrétien,
à la porte d'une Eglise ; &

si c'est un Mahometan, dans la cour d'une Mosquée. Si tôt que le défunt est enlevé, la personne qui l'a soigné pendant sa maladie ouvre les fenêtres & les portes de toutes les chambres, & ne laisse de fermé que la seule entrée de la maison qui communique à la rue. Elle demeure ainsi fermée, & abandonnée l'espace de quarante jours ; & il ne se passe point d'année qu'on ne se confirme dans cet usage aux dépens d'une infinité d'imprudens à qui l'impatience de revenir plutôt chez eux coûte la vie. Ce terme expiré, on allume un grand feu à la porte de la maison pesti-ferée, & l'on en remplit des réchaux dans lesquels on jette de l'Encens, de la Poix & des grains de Genevre. On entre dans la maison ces réchaux fumans à la main, & l'on va de même dans tous les endroits que l'on veut visi-ter. On allume de petits feux, non seulement en toutes les chambres, mais jusques dans les moindres recoins ; & l'on y brûle le premier jour de vieux

cuirs ; le ſecond des herbes fortes ; & le troiſiéme des Gommes aroma-
tiques. Comme tout le
monde n'eſt pas en état
d'acheter de ces Gom-
mes, le peuple ſe ſert en
leur place d'herbes odo-
riferantes, les principales
ſont le Romarin, la La-
vande, l'Abſinte & le Ge-
névre ; & j'ai même vû des
gens qui pour la totale
purification de leur mai-
ſon ne ſe ſervoient que
des deux dernieres.

Il y a des perſonnes qui
pour plus de ſûreté ajoû-
tent encore à ces cere-
monies

monies une autre précau-
tion ; c'eſt de faire porter
en toutes leurs chambres
de la Chaux vive, de l'y
éteindre dans des ſeaux,
& de l'eau en laver ſur le
champ les platfonds & les
murailles ; mais quelque
ſage que ſoit cette pré-
caution, elle n'eſt abſolu-
ment neceſſaire que pour
la ſeule chambre où eſt
mort le peſtiferé. Le mauvais air qu'il y a reſpiré
y a rendu la malignité inherente, & il faut quelque
choſe de plus fort que de
ſimples odeurs pour l'ex-
pulſer. Car les Orientaux

difent en proverbe que la Pefte fe rend maîtreffe du lieu où elle fait mourir un homme, & qu'elle s'y dreffe un lit de repos où elle dort pendant l'Hiver & l'Eté, & où elle veille au Printems & en Automne.

Voilà les obfervations que le long fejour & les differens voyages que j'ai fait en Afie m'ont donné lieu de faire fur la Pefte, & que je donne au Public avec d'autant plus de confiance, qu'elles ne contiennent rien dont la pratique ne foit auffi facile parmi nous que parmi les Orientaux. Il est vrai pourtant que quelque diligence que nous puissions faire, nous n'aurons de long-tems en France cette multitude de Planes à qui les Persans attribuent la vertu de purifier l'air & les eaux ; mais nous pouvons avoir aussi-bien qu'eux de la propreté sur nos personnes, de la netteté dans nos maisons, de la police dans nos Villes, & de l'attention sur les suites fâcheuses que peuvent avoir ces égouts, ces cloaques, & ces amas d'im-

mondices dont l'infection
contribue plus qu'aucune
autre chose à la corru-
ption de l'air.

Il est vrai encore que
tous les François ne sont
pas en état de mêler com-
me les Persans de l'Ambre
dans leur Caffé pour se garantir de la Peste ; mais
il n'y a personne qui ne
puisse aisément se pour-
voir des autres préserva-
tifs. L'Ail, le Vinaigre &
les Citrons ne sont pas
moins communs en Eu-
rope qu'en Asie; & la Rue,
la Sauge & l'Angelique
n'y ont pas moins de ver-

tu. Les préservatifs negatifs n'y font pas non plus
d'un ufage plus difficile,
& pour peu qu'on ait de
foin de fa vie, on peut
dans un tems de Pefte
fe paffer de s'échauffer le
corps, de fe trouver plu-
fieurs dans une chambre,
& de coucher deux dans
un même lit.

Enfin on dira peut-être
que le Bezoar qui eft l'an-
tidote de la Pefte, eft ra-
re & prefque inconnu en
France, & que beaucoup
de perfonnes, bien loin
de s'en fervir, n'ont pas
le moyen de s'en pour-

voir. Mais j'ai remarqué
que c'est à peu près la même chose en Asie, & que
ce cordial n'y est veritablement le remede que
des personnes de distin-
ction. C'est pourquoi je
me suis étendu à en ex-
pliquer d'autres dont se
servent les Peuples , &
qui pour être communs
& simples n'en ont pas
moins de vertu. Tels sont
les bouillons de Ris avec
du jus de Citron & des
feuilles de Coriandre , les
Ptisannes de Rue, de Sau-
ge & d'Angelique , & les
Confections d'Ail & de

Noix pilez enſemble ; & j'ai même obſervé que ce dernier eſt un reme-de très-efficace , & qui n'a pas moins de réputa-tion parmi le peuple que le Bezoar en a parmi les Grands.

Il ne me reſte plus qu'à prier le Public de ne point s'effrayer mal-à-propos, & de ne point s'abatre ſous la terreur que ré-pand d'abord le ſeul nom de Peſte. Cette maladie eſt dangereuſe à la verité; mais après tout elle n'eſt ni inévitable ni incura-ble. Je m'en ſuis garanti

dans une infinité d'en-
droits avec le dernier des
préservatifs que j'expli-
que en cette Relation ; &
en ayant été attaqué avec
toute la fureur possible,
je m'en suis gueri dans un
lieu où j'étois destitué de
tout secours. Il n'y a personne après cela qui doi-
ve desesperer de s'en préserver & de s'en guerir
dans sa maison, où quel-
que pauvre qu'il soit, il aura toujours plus de com-
moditez que je n'en avois
sur la Mer Noire dans une
Saïque Turque. On n'a
pour ce sujet qu'à mettre

en pratique les regles que je prescris dans ces Memoires, & qu'à les suivre avec d'autant plus de confiance qu'elles sont fondées non sur de simples conjectures, mais sur des experiences que j'ai faites ou vûes, & sur des épreuves dont j'ai été moi-même ou le témoin oculaire, ou le principal acteur. *Quæque ipse miserrima vidi ,* *Eneid. 2.* *& quorum pars magna fui.*

Je ne puis finir cette Relation sans prier ceux qui la liront de faire quelque réflexion sur la décadence des païs d'Orient ,

& fur le changement qui
y eft arrivé depuis qu'ils
gemiffent fous la tyrannie
du Mahometifme. Tant
que la Religion Chrétien-
ne a fleuri dans l'Arme-
nie, l'Afie Mineure, la
Mefopotamie & la Syrie,
ces belles Provinces ne
l'ont cedé à aucune autre
pour la pureté de l'air, &
les Etrangers auffi-bien
que les habitans naturels
n'ont eu autre chofe à y
craindre que d'y trouver
trop de délices. Mais de-
puis que les Turcs en ont
ufurpé la domination,
elles font devenues des

regions de l'ombre de la mort, & des terres fatales qui, ſelon l'expreſſion de l'Ecriture, devorent leurs propres habitans. Dieu qui ſuſcita autrefois des Lions contre ces Aſſyriens que les Rois de Ninive vouloient ſubſtituer dans Samarie aux Iſraelites, arme pour ainſi dire, les Aſtres & les Elemens contre ces Infideles, qu'il ne voit qu'à regret occuper des païs où il a ſi long-tems eu tant de ſaints adorateurs; & pour leur faire voir qu'ils n'en ſont pas les Souverains legitimes,

Num. 13.

4. *Reg.* 17.

il ne cesse de leur en trou-
bler la jouissance & la pos-
session. Plût à Dieu qu'au
milieu des Pestes & des
autres fleaux qui les persecutent, ils imitassent la
sagesse de ces mêmes As-
syriens, qui tout idolâ-
tres qu'ils étoient, recon-
nurent aussi-tôt que ces
Lions qui n'avoient pas
coutume de paroître en
Judée, étoient un fleau
du Dieu du païs irrité con-
tre-eux, & qui pour l'ap-
paiser firent venir des Prê-
tres & des Levites pour
les instruire de son culte
& de sa Religion. Faisons

nous autres ce que l'ignorance & l'endurcissement
des Turcs ne leur permet
pas de faire : réveillons
notre Religion & notre
Foi au bruit des ravages
que la Peste, ce fleau ex-
traordinaire, vient de faire dans une de nos plus
belles Provinces ; réfor-
mons en notre condui-
te, ce qui peut avoir ir-
rité contre nous le Dieu
de nos Peres ; & souve-
nons-nous que le plus sûr
moyen d'éviter sa colere,
c'est de recourir à sa cle-
mence. Si le Seigneur ne *Psal. 126.*
garde les Villes, dit le Psal-

miste, c'est inutilement qu'on fait veiller aux environs des troupes de Soldats; ces Anges redoutables qui versent les coupes de son indignation sur les Nations pecheresses, ne reçoivent des ordres que de lui seul; & comme ils n'étendent leurs bras que quand il le commande, ils ne le retirent aussi que lorsqu'il leur dit: C'est assez.

Apoc. 16.

2. Reg. 24.

F I N.

Approbation de Monsieur Dodart, Conseiller du Roy en ses Conseils, & Premier Medecin de Sa Majesté.

J'Ai lû par ordre de Monseigneur le Chancelier, un Manuscrit qui a pour titre, *Relation de la Peste du Levant, & des moyens que prennent les Persans pour s'en garantir*, fait par Monsieur l'Abbé Gaudereau, Prêtre, & Missionnaire Apostolique, &c. Comme il m'a paru curieux & instructif, & qu'il peut être utile dans le tems present, je croi que l'on en peut permettre l'Impression. A Paris au Château des Tuilleries ce 1er Octobre 1721.

Signé, DODART.

J'Ai lû par ordre de Monſieur le Premier Medecin du Roy, un Manuſcrit qui a pour titre, *Rela-tion des différentes eſpeces de Peſte d'Orient, des Précautions que pren-nent les Perſans pour s'en garantir, des Préſervatifs & Remedes dont ſe ſervent les autres Peuples d'Aſie,* par M. l'Abbé Gaudereau, Prêtre, ci - devant Miſſionnaire Apoſtoli-que, &c. & il m'a paru que l'Im-preſſion en ſera utile au Public. A Paris ce 17 Septembre 1721.

Signé, DE JUSSIEU.

PRIVILEGE

à la charge que ces Préſentes feront enre-
giſtrées tout au long ſur le Regiſtre de la
Communauté des Libraires & Imprimeurs
de Paris, & ce dans trois mois de la date
d'icelles ; que l'Impreſſion de ce Livre ſera
faite dans notre Royaume, & non ailleurs,
en bon papier & en beaux caracteres, conformément aux Reglemens de la Librairie ;
& qu'avant que de l'expoſer en vente, le
Manuſcrit ou Imprimé qui aura ſervi de
Copie à l'impreſſion dudit Livre, ſera remis
dans le même état où l'Approbation y aura
été donnée, ès mains de notre très-cher &
feal Chevalier, Chancelier de France, le
Sieur Dagueſſeau, & qu'il en ſera enſuite
remis deux Exemplaires dans notre Biblio-
theque publique, un dans celle de notre
Château du Louvre, & un dans celle de
notredit très-cher & feal Chevalier Chancelier de France le Sieur Dagueſſeau ; le
tout à peine de nullité des Préſentes : Du
contenu deſquelles vous mandons & enjoi-
gnons de faire jouir l'Expoſant ou ſes ayans
cauſe pleinement & paiſiblement, ſans ſouf-
frir qu'il leur ſoit fait aucun trouble ou em-
pêchement. Voulons qu'à la Copie deſdites
Préſentes qui ſera imprimée tout au long
au commencement ou à la fin dudit Livre,
foi ſoit ajoûtée comme à l'Original. Com-
mandons au premier notre Huiſſier ou Ser-
gent de faire pour l'execution d'icelles,
tous Actes requis & neceſſaires, ſans demander autre permiſſion, & nonobſtant
Clameur de Haro, Charte Normande, &

Lettres à ce contraires : Car tel est notre plaisir. Donné à Paris le vingtiéme jour du mois d'Octobre, l'an de grace mil sept cens vingt-un, & de notre Regne le septiéme. Par le Roy en son Conseil,

Signé, CARPOT, *avec grille & paraphe.*

Registré sur le Registre V. de la Communauté des Libraires & Imprimeurs de Paris, page 10, N° 5, conformément aux Reglemens, & notamment à l'Arrest du Conseil du 13 Août 1703. A Paris le 8 Novembre 1721.

Signé, DE LAULNE, *Syndic.*